스스로 시작하는 입학 준비
나도 오늘부터 초등학생!

스스로 시작하는 입학 준비
나도 오늘부터 초등학생!

초판 4쇄 발행 2025년 1월 1일

글 이아   그림 소복이
펴낸이 김동호   펴낸곳 키위북스   편집장 김태연   편집 김도연, 박주원   꾸민곳 디자인 su:
주소 경기도 고양시 일산동구 중앙로 1079, 522호
전화 031-976-8235   팩스 0505-976-8234
전자우편 kiwibooks7@gmail.com
출판등록 2010년 2월 8일 제 2010-000016호

ⓒ 이아·소복이 2021

ISBN 979-11-85173-78-8 77370

· 책값은 뒤표지에 있습니다.
· 이 책은 저작권법에 따라 보호받는 저작물이므로 무단 전재와 무단 복제를 금지하며,
  이 책 내용의 전부 또는 일부를 이용하려면 반드시 저작권자와 키위북스의 서면 허락을 받아야 합니다.
· 잘못된 책은 바꾸어 드립니다.

스스로 시작하는 입학 준비

나도 오늘부터 초등학생!

글 이아 | 그림 소복이

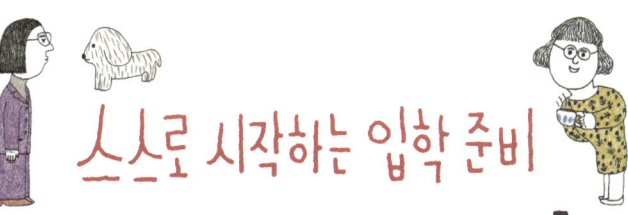

차례

이 책을 읽기 전에   10

두둥~ 웰컴! 웰컴 초등학교!   12
씩씩한 초딩을 위한 학교생활 안내서 ①
어서 와~, 초등학교는 처음이지?   16
지혜로운 초딩으로 학교에서 살아남기 ①
아저씨, 아줌마, 할아버지, 할머니, 이모, 삼촌은 잊어라!   18

일어나! 학교 갈 시간이야   20
씩씩한 초딩을 위한 학교생활 안내서 ②
지각은 없다! 무사히 등교하기 대작전   24
지혜로운 초딩으로 학교에서 살아남기 ②
초1 버릇 여든 간다!? 알림장과 준비물 챙기기   26

변비 발생! 방귀 경보!   28
씩씩한 초딩을 위한 학교생활 안내서 ③
변비 비켜~, 학교 화장실 적응기   32
지혜로운 초딩으로 학교에서 살아남기 ③
쉬는 시간, 이렇게 쓰는 거야   33

오이대첩!   34
씩씩한 초딩을 위한 학교생활 안내서 ④
친구들과 맛있게 냠냠   38
지혜로운 초딩으로 학교에서 살아남기 ④
급식 시간이 괴로워?   39

숙제는 귀찮아   40
씩씩한 초딩을 위한 학교생활 안내서 ⑤
1학년, 무엇을 배울까?   44
지혜로운 초딩으로 학교에서 살아남기 ⑤
독서기록장도 일기도 어렵지 않아   46

경축! 받아쓰기 3연속 100점   48
씩씩한 초딩을 위한 학교생활 안내서 ⑥
받아쓰기도 수학 평가도 배우는 과정   52

꼬마 덕후, 용돈 탕진하다! 54
씩씩한 초딩을 위한 학교생활 안내서 ⑦
장난감은 학교에 가져가지 않아 58
지혜로운 초딩으로 학교에서 살아남기 ⑥
게임은 게임일 뿐 목숨 걸지 말자 59

모둠, 우리는 한배를 탔다 60
씩씩한 초딩을 위한 학교생활 안내서 ⑧
따로, 또 같이 즐거운 학교생활 64
지혜로운 초딩으로 학교에서 살아남기 ⑦
덜덜덜, 발표하려니 떨린다고? 65

총싸움 VS 고릴라 66
지혜로운 초딩으로 학교에서 살아남기 ⑧
솔로몬의 판결, 과연 누가 더 나쁠까? 70

웰컴초 신비한 친구 사전 72
씩씩한 초딩을 위한 학교생활 안내서 ⑨
사람은 저마다 다 달라 76
지혜로운 초딩으로 학교에서 살아남기 ⑨
심술쟁이 완벽 대처법 77

은호 실종 사건 78
씩씩한 초딩을 위한 학교생활 안내서 ⑩
친구 집에 놀러 가려면? 82
지혜로운 초딩으로 학교에서 살아남기 ⑩
초등생활 안전 제일! 83

어흥! 호랑이 선생님 84
씩씩한 초딩을 위한 학교생활 안내서 ⑪
선생님이 무서워? 85

여친? 남친? 있어? 없어? 86
지혜로운 초딩으로 학교에서 살아남기 ⑪
두근두근 좋아하는 친구가 있다고? 87

잠깐! 이 책을 덮기 전에 88

> 이 책을 읽기 전에

입학 준비
스스로 해 보아요!

　안녕하세요! 저는 이 책의 이야기를 쓴 아줌마예요! 아줌마는 초등학교에 다니는 아들이 있어요. 눈치 빠른 친구들은 이 한마디로 벌써 알아챘겠지요. 맞아요. 이 책은 아줌마 아들이 초등학교 1학년 때 겪었던 일들을 이야기로 엮은 거예요. 이 책을 지금 읽고 있다는 것은 아마도 초등학교 입학을 앞두고 있기 때문이겠지요? 그렇다면 우선, 초등학교 입학을 축하할게요. 짝짝짝! 즐겁고 재밌는 초등학교 생활을 하기 바랄게요!

　그런데 기대도 되지만 왠지 긴장된다고요? 아줌마도 아들의 취학통지서를 받는 엄청 떨리고 설렜어요. '우리 아들이 벌써 초등학생이라니! 언제 이렇게 컸나, 똥강아지.' 하며 감격스러웠답니다. 하지만 학부모가 처음 된 거라 기쁜 만큼이나 긴장되고 걱정도 많았어요. 그래서 아들이 초등학교 생활에 잘 적응할 수 있는 방법들을 많이 찾아보고 배우려고 노력했답니다. 하지만 지나고 보니 보호자뿐 아니라 어린이가 스스로 입학 준비를 하면 더 도움이 되지 않을까 하는 생각이 들었습니다. 학교생활을 몸소 해야 하는 주인공은 바로, 어린이 여러분이니까요.

　준비라고 해서 거창할 것은 없답니다. 학교 가면 벌어질 소소한 일들에 대해 '미리보기'만 살짝 해 보는 거예요. 학교마다 사람마다 환경이 다르긴 하지만, 초등학교에 처음 입학한 어린이라면 누구나 겪을 법한 일들을 골라 엮은 것이니까 이 책이 분명 도움이 될 거예요. 아직 글자가 많은 책을 혼자 읽는 것이 두려운 친구들도 있을 거예요. 배우는 과정이니까 당연한 겁니다. 우선 재미있게 그림만 봐도 좋아요. 궁금증이 생기면 주변에 도움을 요청해서 빽빽해 보이는 글자들을 읽어 달라고 부탁해 보세요. 어쩌면 만화보다 더 재밌는 내용일지도 모르니까요. 짝짝짝! 초등학생이 된 걸 다시 한 번 축하합니다!

이아

 **초등학교 생활,
씩씩하고 지혜롭게!**

안녕! 나는 이 책의 주인공, 은호라고 해. 웰컴 초등학교에 다니는 학생이야. 초.등.'2'.학.년.이.지! 이제 막 초등학교 입학을 앞둔 따끈따끈한 예비 초딩들 안녕. 유치원 졸업하고 초등학교에 입학하려니 떨리지? 하긴, 나 같은 대인배도 그 무렵에는 엄청 떨었으니까. 하지만 걱정 마라. 이 형아(오빠)가 완벽한 초딩이 되는 법을 알려 주지.

일단 각 장의 만화부터 재밌게 보면 돼. 내가 1학년 동안 겪었던 일이 담긴 만화거든. 훗. 너희들은 아직 상상도 못 할 일들이겠지만.

하지만 하하헤헤흐흐 만화만 보고 웃고 끝나면 아무 소용이 없어. 그러면 이 형아(오빠)만의 1학년 잘 보내는 비법을 공개한 보람이 없겠지? 만화를 다 보고 난 후에는 씩씩한 초딩을 위한 학교생활 안내서와 지혜로운 초딩으로 학교에서 살아남기를 꼭 읽고 넘어가도록 해. 그러면 처음이라 당황스럽고, 익숙하지 않아서 조금은 불편하고, 모르는 게 많아서 걱정이 앞서는 초등학교 생활도 문제없어! 책을 다 읽었더라도 고민이 생기거나 걱정이 있을 때마다 다시 찾아봐도 좋아.

두둥~ 웰컴! 웰컴 초등학교!

씩씩한 초딩을 위한 학교생활 안내서 ①

어서 와~, 초등학교는 처음이지?

초등학교는 유치원하고는 많이 달라. 뭐가 다르냐고? 일단 커! 길 잃어버리지 않게 구석구석 잘 알아 둬야 한다~. 그렇다고 겁먹고 움츠러들 필요는 없어. 학교에 다니다 보면 차차 익숙해질 테니까! 웰컴 초딩 월드~.

교문 학교에 들어가려면 가장 먼저 통과해야 할 문이야. 학교마다 다르지만 정문도 있고 후문도 있어. 집에서 가까운 문으로 등하교 하면 돼.

운동장 체육 수업도 받고, 쉬는 시간이나 점심시간에 우리의 놀이터가 되는 곳이지.

구령대 주로 운동장에서 행사를 할 때 선생님이나 행사 진행 요원이 올라서는 자리야. 대개 그 옆으로는 학생들이 앉을 수 있는 스탠드도 있어.

수돗가 수돗물을 이용할 수 있는 시설이야. 식수대는 따로 있는 학교도 있으니까 잘 살펴야 해.

입학식 날 챙겨야 하는 건 학교에서 미리 나눠 주고 작성해 오라는 서류가 아니야. 그건 부모님이 알아서 다 챙기실 거니까. 네가 챙겨야 하는 건 바로, 드디어 초등학생이 되었다는 기쁜 마음! 유치원 때보다 더 신날 거라는 기대! 즐겁게 학교생활을 해낼 수 있다는 자신감! 파워 업!

교실 문 교실 문은 대부분 같은 모양이야. 그럼 어떻게 구별하느냐고? 앞문 위에 표시판이 달려 있어. 1학년 1반은 '1–1'처럼 학년과 반 표시가 나란히 되어 있지. 주로 학년별로 층이 다르니까 교실이 어느 위치에 있는지 첫날 잘 알아 두자.

내 자리 교실을 잘 찾아서 들어왔다면 다음에는 내 자리를 찾자! 처음에는 번호 대로 앉을 거야. 뭐라고? 번호도 자꾸 까먹는다고? 그럼 내 자리가 앞이나 뒤에서 몇 번째 줄인지 창가에서 몇 줄 떨어졌는지 기억했다가 앉도록 해. 짝꿍 얼굴을 기억해 두는 것도 좋은 방법이야.

사물함 학용품을 넣어 두는 곳이야. 각자 하나씩 쓸 수 있어. 가방에 넣어 다니기 무거운 책이나 공책을 보관하기도 해. 가위, 풀, 테이프 등 자잘한 물건은 바구니에 담아 넣어 두고, 간이 책꽂이를 활용하면 책이 쓰러지지 않게 정리할 수 있어. 참, 학용품에 이름 다 썼지? 내 사물함 자리도 잘 기억하라고.

도서관 책을 빌리거나 읽을 수 있는 곳이야. 원하는 책을 찾을 수 있는 검색대도 있고, 책 빌리는 것을 도와주는 사서 선생님도 있어. 담임 선생님이 도서관 이용 방법을 알려 주면 그대로 잘 따라 하면 돼.

그밖에도 선생님들이 모여 있는 교무실, 갑자기 몸이 아프거나 다쳤을 때 응급처치를 하거나 약을 먹고 쉴 수 있는 보건실, 과학실험을 하는 과학실, 컴퓨터 사용법을 배울 수 있는 컴퓨터실, 외국어를 배우는 어학실 등이 있어. 궁금하다며 혼자 돌아다니다가는 길을 잃을 수 있으니까 조심하도록! 6년이나 다닐 테니까 천천히 알아 가도 늦지 않다고.

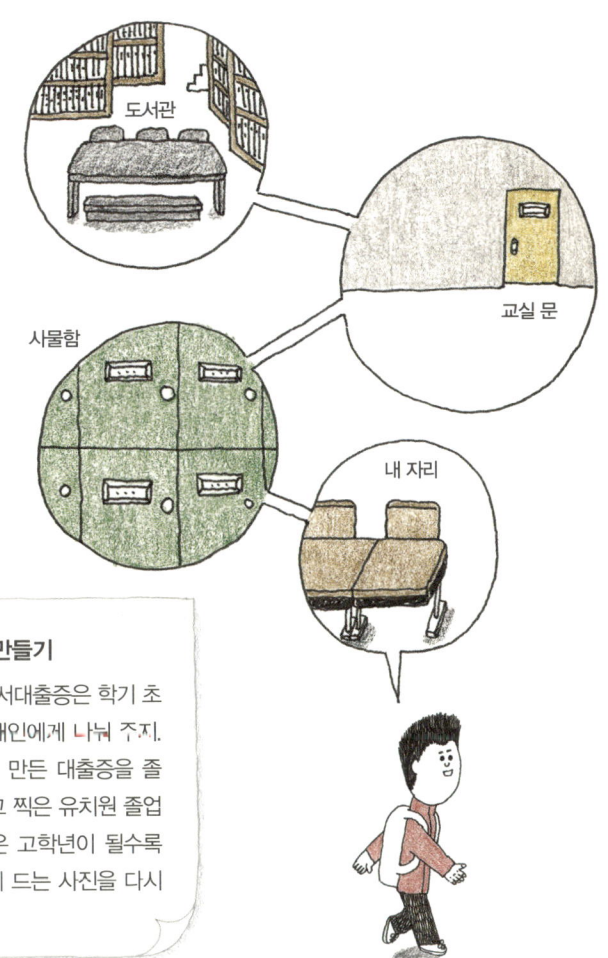

쉿! 우리끼리 귓속말 후회 없는 도서대출증 만들기

도서대출증만 있으면 도서관을 이용할 수 있어. 도서대출증은 학기 초에 만들어. 사진을 제출하면 학교에서 제작한 후 개인에게 나눠 주지. 학교마다 방침에 따라 다르지만, 대개는 1학년 때 만든 대출증을 졸업할 때까지 쓰기도 해. 멋지게 보이려고 점잔 빼고 찍은 유치원 졸업 사진이나 장난꾸러기 같은 표정을 지은 사진 등은 고학년이 될수록 창피하게 느껴질 수 있어. 부모님께 부탁해서 맘에 드는 사진을 다시 찍어 보는 것도 좋아!

지혜로운 초딩으로 학교에서 살아남기 ①

아저씨, 아줌마, 할아버지, 할머니, 이모, 삼촌은 잊어라!

학교에 입학하면 건물도 낯설지만, 환경도 몹시 낯설어. 모르는 사람이 엄청 많지. 학교에서 만나는 어른들은 학부모를 제외하고는 대부분 학교에서 근무하는 선생님들이야. 무턱대고 '할아버지', '아줌마', '이모' 하고 부르면 안 돼! 마주치면 일단 공손하게 인사하자. 차근차근 어떤 선생님인지 알아 두면 좋아.

쉿! 우리끼리 귓속말 휴대폰 없어도 엄마한테 연락할 수 있어!

학교에는 누구나 쓸 수 있는 전화기가 있어. '콜렉트콜' 전용 전화기인데, 전화를 받는 사람이 전화 요금을 낼 수 있도록 만든 거야. 학교마다 다르지만 대개 현관에 있어. 우리 학교는 어디에 이 전화기가 있는지 찾아봐. 그런데 전화 거는 방법이 보통 전화와 조금 달라. 수화기를 들면 '상대방 전화번호와 우물 정자를 누르세요.'라는 안내가 흘러나와. 엄마 전화번호 누르고 #을 누르면 돼. 엄마가 받으면 '저예요!' 하고 알리고 잠시 기다리면 엄마와 통화할 수 있어. 엄마 보고 싶어도 조금 참고, 급할 때만 연락하는 거야!

담임 선생님 일 년 동안 우리 반을 맡아서 지도해 주는 선생님이야.

교감 선생님 학교에서 두 번째로 높은 선생님이야. 첫 번째는 누구냐고? 교장 선생님!

보건 선생님 몸이 아프거나 다쳤을 때 보건실로 가면 돌봐 줄 거야.

음악 선생님 음악 수업만 맡아 하는 선생님이야. 음악 선생님이 없는 학교도 있을 거야.

체육 선생님 체육 시간에 운동을 가르쳐 주는 선생님이야.

영양사 선생님 식단을 짜고 급식을 관리해 주는 선생님이야. 자주 만날 일은 없지만 나처럼 급식이 궁금한 친구들을 위해 소개하는 거야.

그밖에도 학교에는 상담 선생님, 사서 선생님, 영어 선생님 등 여러 분야를 담당하는 선생님들이 있어. 아, 참! 학교에 어른들만 있는 건 아니지. 선배 형과 누나 들, 1학년 다른 반 친구들도 있지. 아는 얼굴이 보이면 반갑게 인사하자.(혹시 실수로 몸을 부딪치면 미안하다고 사과하고!)

일어나! 학교 갈 시간이야

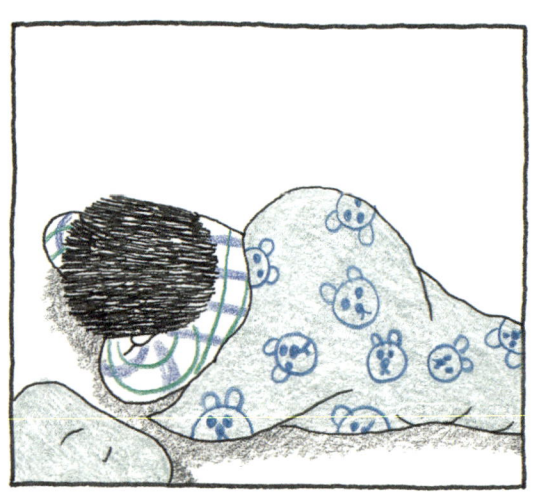

나는 뭐든 스스로 잘해.
밥 먹기랑 이 닦기랑 옷입기 빼고…

이것 봐. 씩씩하게 잘 걷잖아. 출발!

씩씩한 초딩을 위한 학교생활 안내서 ②

지각은 없다! 무사히 등교하기 대작전

지각이 뭔지는 다들 알지? 그래, 정해진 시간보다 늦게 도착하는 걸 말해. 내가 해 봐서 아는데, 학교는 네가 늦는다고 너만을 위해서 기다려 주지 않아. 정해진 시간에 수업을 시작하지. 모두 수업에 집중하고 있는데, 네가 들어가면 다른 친구들한테 방해가 돼. 그뿐 아니라 너는 수업을 처음부터 듣지 못했으니까 선생님 말씀을 이해하기 힘들 거고. 그러니 지각하지 않도록 하자. 어떻게 하면 좋냐고? 학교마다 다르지만, 대부분 1교시가 9시 10분에 시작해. 그러니까 9시까지는 학교에 도착할 수 있게 준비하면 되겠지? 집에서 학교까지 가는 데 걸리는 시간이 저마다 다르니까 그건 알아서 계산해야 해.

기상! 제 시간에 일어나려면 일찍 자는 게 중요해.

세수하고 옷 갈아입기 아직 세수 혼자 못 하는 친구는 없겠지? 갈아입을 옷은 자기 전에 미리 챙겨 두면 준비 시간을 줄일 수 있어.

아침 식사 하고 양치질하기 아침 식사는 성장기 어린이한테는 필수야. 수업 시간에 공부하려면 머리를 써야 하는데 배가 고프면 집중이 안 돼. 밥 먹는 시간이 오래 걸린다면 조금 더 일찍 일어나서 꼭 먹도록 하자.

나는 입학하고 처음 1~2주 정도 엄마가 학교에 데려다 주었어. 그런데 혼자서 씩씩하게 등교하는 형들을 보면 그렇게 부럽더라. 나도 얼른 혼자 가고 싶었어. 그래서 엄마한테 졸랐더니 몇 가지 약속을 지켜야 한댔어. 어렵지 않아. 너희들도 할 수 있을 거야.

- 가는 길을 잘 기억해 둔다. 모르는 길로는 절대 가지 않는다.
- 항상 차를 조심하고 주변을 살펴본다.
- 낯선 사람은 절대 따라가지 않는다.

선생님도 한마디!

여자 친구들은 대개 예쁜 걸 좋아하더라. 레이스 달린 원피스나 리본 달린 구두 같은 거. 등교할 때는 되도록 편한 옷과 운동화를 착용하면 좋겠구나. 치마가 꼭 입고 싶다면 속바지를 챙겨 입고, 굽이 없는 편한 구두를 신자. 발이 아프거나 바람에 치마가 올라가면 신경 쓰이잖아.

초1 버릇 여든 간다!? 알림장과 준비물 챙기기

알림장은 숙제나 준비물을 적는 공책이야.

- 먼저 날짜와 요일을 반드시 적도록 해.
- 숙제할 과목과 내용을 정확히 적고.
- 준비물은 언제까지 챙겨 가야 하는지 날짜도 잘 써 놔.
- 가정 통신문은 받은 장 수와 알림장에다 기록한 장 수가 맞는지 확인해.

성공을 거둔 사람들을 보면 대부분 메모하는 습관이 있대. 잊지 말아야 할 것들이라든가 내일 꼭 해야 할 일 등을 적어 두고서, 기억하고 반드시 실행에 옮겨서 성공하게 됐다는 거지. 알림장은 그런 메모 습관의 첫걸음이라고 할 수 있어. 어때, 알림장 쓰는 일, 꽤 멋지지 않아?

알림장만 잘 쓰면 준비물을 깜박하는 일도 줄 거야. 알림장에 분명 썼는데도 준비물을 안 가져갔다고? 앞으로는 이렇게 해 봐.

하교 후에 바로 알림장 보는 습관 들이기 집에 오자마자 알림장을 보는 거야. 준비물을 자주 까먹는다면 숙제를 시작하기 전에 준비물부터 챙기자. 집에 없는 건 부모님에게 말해서 문구점에서 구입해.

책가방 미리 싸기 바쁜 아침에 가방을 챙기다 보면 미리 사다 놓은 준비물도 깜박 잊고 가방에 안 넣을 수 있어. 숙제를 마친 후나 저녁에 내일 학교에 가져갈 가방을 미리 싸 놓자.

나만의 준비 목록 정해서 항상 챙겨 놓기 예를 들면 이런 거야. 물을 많이 마신다면 매번 식수대를 오가기 귀찮으니까 물통을 챙긴다든지, 땀을 많이 흘린다면 손수건을 가방에 넣고 다니는 것. 연필이 빨리 닳게 쓰는 친구라면 항상 연필을 넉넉하게 깎아 놓는 것도 좋아.

선생님도 한마디!
가정 통신문을 잃어버렸을 때는 학교 홈페이지에서 내용을 확인할 수 있어. 보호자의 서명을 받아야 하는 문서일 때는 다운로드 해서 프린트 한 후 작성해서 가져오면 돼.

변비 발생! 방귀 경보!

씩씩한 초딩을 위한 학교생활 안내서 ③

변비 비켜~, 학교 화장실 적응기

학교 화장실이 우리 집 화장실과 똑같을 수는 없어. 인정할 건 인정하자고. 여러 명이 쓰는 화장실이니까 항상 반짝반짝 깨끗하지 않을 수도 있지. 외출 좀 해 본 친구들은 알잖아. 지하철이나 공공시설의 화장실이 생김새나 위생 상태가 저마다 다 다른 거. 학교는 집 다음으로 하루에 많은 시간을 지낼 곳이니까 이제 학교 화장실에 익숙해지려고 노력해 봐. 안 그랬다간 내 꼴 난다!

- 변기 모양이 다르다고? 조준! 이게 중요해. 똥이나 오줌이 밖으로 튀지 않게 천천히 잘 조절해서 볼일을 보자. 너무 급하면 조준하기 힘들겠지? 그러니까 싸기 일보직전까지 참지 말고 마려울 때 바로 화장실로 가는 거야!
- 똥이나 오줌을 참으면 병이 생긴대. 들어 봤지? 우리 몸에서 만들어 낸 찌꺼기니까 당연한 얘기일 거야. 더구나 똥은 참다 보면 변비가 생겨서 속도 더부룩하고 방귀도 자꾸 나온다고. 학교 화장실에서 똥을 누는 게 정 힘들다면, 집에서 되도록 같은 시간에 똥을 누는 습관을 들여 보자. 아침에 시원한 물 한 컵을 마신다든가, 평소에 채소와 과일을 잘 챙겨 먹는 것도 잊지 마.

지혜로운 초딩으로 학교에서 살아남기 ③

쉬는 시간, 이렇게 쓰는 거야

참, 수업 시간에 마음대로 화장실에 드나들면 안 돼. 쉬는 시간에 미리 화장실에 다녀와야 해. 쉬는 시간은 10분이야. 쉬는 시간이 뭐냐고? 수업 시간과 다음 수업 시간 사이에 휴식을 갖는 시간을 말해. 보통 초등학교는 40분 동안 수업을 하고 10분 간 쉬는 시간을 갖지. 바로 이때 화장실에 다녀오는 거야. 물도 마시고, 책이나 준비물을 꺼내 놓는 등 다음 수업 시간 준비도 하는 거지. 그래도 갑자기 참을 수 없을 정도로 화장실이 급하면 어떻게 하느냐고? 그럴 때는 조용히 손을 들고 선생님께 허락을 받도록 해. 하지만 어쩌다가야!

쉿! 우리끼리 귓속말 스스로 닦자

학교에서 똥을 참는 중요한 이유가 있다고? 말 안 해도 다 알아. 쉿. 비밀 지켜 줄게. 혼자 똥 닦는 것 나도 정말 힘들었어. 하지만 언제까지 엄마한테 엉덩이를 맡길 거냐! 내 힘으로 깨끗이 닦아 보는 거야. 그러려면 연습이 좀 필요해.

- 휴지는 너무 길면 안 돼. 변기 물에 젖을 수도 있거든. 생각만 해도 끔찍하지? 4~6칸 정도 뜯어서 두 번 정도 접어 봐. 몇 번 하다 보면, 나한테 편한 길이를 찾을 수 있어.
- 너무 세게 닦지 않아도 돼. 대신 방향이 중요해. 앞에서 뒤쪽으로 닦아 내야 해. 반대 방향으로 닦으면 오줌이 나오는 부분에 세균이 들어갈 수 있거든.
- 묻어 나오지 않을 때까지 몇 번 더 닦으면 돼. 마무리는 비누로 깨끗이 손 닦기!

오이대첩!

쏘옥~

씩씩한 초딩을 위한 학교생활 안내서 ④

친구들과 맛있게 냠냠

집에서도 식사 예절에 대해서 배웠지? 여러 명이 한꺼번에 정해진 시간 안에 먹어야 하는 급식 시간에는 그에 맞는 예절이 따로 있어. 초딩도 됐으니까 지킬 건 지키자!

- 숟가락 젓가락은 음식을 집고 입에 넣는 거니까 더럽히지 말아야 해.
- 식판 들고 자리로 올 때는 음식을 흘리지 않게 조심조심.
- 대화를 하면서 식사하는 건 좋지만, 이야기하느라고 정신 팔려서 밥을 못 먹을 정도라면 곤란해.
- 급식 시간에는 돌아다니지 않기. 물이 필요한 친구는 미리 떠 놓고, 화장실도 미리 다녀오거나 되도록 다 먹은 후에 가는 거야.

지혜로운 초딩으로 학교에서 살아남기 ④
급식 시간이 괴로워?

선생님에 따라 다르지만, 되도록 급식을 남김없이 먹게 하는 학급도 있을 거야. 싫어도 남기지 않고 급식을 다 먹어야 한다면 정말 난감할 거야. 무조건 싫다고 떼쓰지 말고 선생님에게 부탁해 봐. '깍두기는 잘 못 먹는데요, 한 개만 받아서 도전할게요.' 하고. 그리고 정말 노력도 해 보는 거야. 훗. 나 요새 오이 좀 먹는 다. 왜 억지로 먹이는 건지 모르겠다면서 투덜거리지 말자. 골고루 잘 먹는 습관을 들이면 건강에 좋다는 것쯤 이미 알고 있잖아.

'노력해 봤지만 정말 싫어!' 하면서 우울해하는 친구들도 있을 거야. '골고루 안 먹으면 정말 키도 안 크고 약해지는 건 아닐까?' 하고 내심 걱정도 되고. 힘내. 튼튼한 우리 엄마가 어릴 때 나보다 심한 편식쟁이였대.

참, 특정 음식에 알레르기가 있는 친구들은 선생님에게 반드시 알려야 해. 부모님이 서류로 작성하여 이미 선생님에게 알렸겠지만, 급식 시간에 선생님이 잊고 있을 수도 있으니까. 그리고 만약 급식 때문에 학교 가기가 싫을 정도라면 집에다가 꼭 말해야 해.

숙제는 귀찮아

씩씩한 초딩을 위한 학교생활 안내서 ⑤

1학년, 무엇을 배울까?

3월에는 우리 학교에 대해서 배워. 학교의 노래인 교가도 배우고, 여러 가지 학교 시설을 안전하게 이용하는 법도 알아보지. 교과서도 받아. 국어와 국어 활동, 수학과 수학 익힘, 봄, 여름, 가을, 겨울 등이 있어. 1학년 동안 차근차근 배우게 될 거야. 책가방을 쌀 때 시간표대로 잘 챙기면 돼.

시간표가 뭐냐고? 선생님이 매주 금요일마다 주간학습표를 나눠 줄 거야. 다음 일주일 동안 요일마다 몇 교시에 무엇을 배우는지 표로 정리되어 있어. 그걸 보고 준비물도 점검하고 집에 가져왔던 교과서도 다시 챙겨 가면 되는 거야.

> 1학년은 숙제가 많지 않은 편이야. 수업 시간에 다 그리지 못한 그림을 완성해 본다든가, 국어 활동이나 수학 익힘책을 한두 장 푸는 정도야. 수업 진도에 맞춰 숙제를 내는데, 배운 걸 잘 기억하고 있는지 복습해 보라고 내는 거지. 마음을 먹고 집중하면 10분이면 끝낼 수 있어!

> 마음먹는 데 한 시간이 넘게 걸리던데요.

시시하게 학교에서 공부만 하는 거냐고? 그럴 리가!
현장학습체험도 하고, 산이나 들판으로 소풍을 가기도 하고, 박물관이나 전시관 관람을 하기도 해. 친구들과 맛있는 도시락 나눠 먹는 재미가 쏠쏠하다고~. 운동회도 하지. 학년별로 하는 학교도 있고, 전 학년이 모두 참여하는 학교도 있어. 부모님이 참여하기도 하고 학생들끼리만 하기도 하지.
또 각 학교마다 서로 책을 바꾸거나 사고파는 '도서교환제'나 난타, 무용 등을 공연하는 동아리 발표 같은 특색 있는 행사를 하기도 해.

지혜로운 초딩으로 학교에서 살아남기 ⑤

독서기록장도 일기도 어렵지 않아

어떤 책을 읽어야 할지 모르겠다고? 선생님이 1학년들이 읽으면 좋은 책들 목록을 줄 거야. 학교 도서관에 가면 1학년 권장 도서 목록도 있으니까 일단 그중에서 골라 보자. 책을 다 읽었다면 이제 독서기록장을 써 볼까?

- 일단 책 제목과 날짜를 적어. 지은이와 그린이도 기록하고.
- 줄거리는 길게 쓰지 않아도 돼. 어떤 내용인지 간단하게 한마디로 정리해도 좋아.
  예) 이 책은 은호 형아(오빠)가 1학년을 잘 보낼 수 있는 방법을 알려 준다.
- 줄거리보다는 나의 생각이나 느낌을 적는 게 중요해. 솔직한 나의 마음을 말이야. 역시나 처음에는 간단히 쓰면 돼.
  예) 내가 모르는 초등학교 생활에 대해 알려 줘서 고맙다. 그런데 은호 형아(오빠)는 잘난 척 대장인가 보다.
- 그밖에도 기억에 남는 장면을 그림으로 그리거나, 주인공에게 편지를 쓰는 등 다양한 방법으로 써도 좋아. 선생님이 독서기록장 쓰는 여러 가지 방법에 대해서 알려 줄 거야. 매번 방법을 바꿔 가면서 쓰면 지루하지 않고 훨씬 재밌어.

나는 독서기록장 쓰는 숙제가 제일로 싫었어. 처음에는 '잘~읽었다.' 이렇게 썼다가 엄마한테 엄청 혼났어. 그런 말을 쓰라는 게 아니라 읽은 책의 내용에 관해서 쓰라는 거야. 도대체 무슨 말을 쓰라는 건지! 에라 모르겠다, 하고 줄거리를 썼어. 그랬더니 책보다 글의 양이 더 많아졌지 뭐야! 팔이 떨어지는 줄 알았다니까.

일기도 마찬가지야. 꼭 그날 있었던 일만 쓰려고 하면, 지겹게 줄거리만 길게 쓴 독서기록장과 다르지 않아. 우리의 일상은 매일 특별한 일이 벌어지지는 않거든. 일단은 오늘 있었던 일 중에서 가장 기억에 남는 일을 글감으로 삼고, 그런 게 없다면 평소 관심이 있던 친구나 장난감, 운동 경기 등 다양한 주제에 대해서 써 보는 것도 좋아.

하루 일과는 거의 똑같으니까 '오늘 있었던 일' 들로만 일기를 쓴다면 365일 일기가 다 똑같겠네요! 오호 그런 방법이~

이번에는 일기를 써 보자.

- 날짜는 년, 월, 일, 요일을 정확히 기록해.
- 날씨는 되도록 자세히 적어. 나만의 느낌을 표현해도 좋아.
  예) 보드라운 꽃잎이 얼굴을 간질이는 것처럼 봄바람이 살랑살랑 불었다.
- 제목도 빼먹지 마. 제목을 정하면 어떤 이야기를 쓸지 생각이 정리되기도 하거든.
- 그림을 그려도 좋아. 1학년에는 대개 그림일기를 그리는데, 그림 없는 일기를 쓰는 반도 있어. 선생님에 따라 달라.
- 선생님이 일기 쓰는 다양한 방법과 주제에 대해서도 알려 줄 거야. 실제로 하나씩 해 봐. 무얼 쓸지 매일 고민 안 해도 될 거야.

쉿! 우리끼리 귓속말 일기장이랑 독서기록장은 내 친구!

일기도 독서기록장 쓰는 것도 싫다고 생각하니까 점점 더 하기 싫어지더라고. 오죽하면 숙제 괴물한테 시달리는 꿈을 다 꿨겠어. 그런데 그 꿈에서처럼 일기장이랑 독서기록장을 친구처럼 생각하니까 내 마음속에 있던 말이 술술 나오더라. 마치 비밀친구처럼. 일기랑 독서기록장 쓰는 게 정말 힘들다면, 친구랑 재밌게 이야기를 나눈다거나 내 속마음을 털어놓는다고 생각해 봐.

받아쓰기도 수학 평가도 배우는 과정

꼭 100점 받기 위해 공부하는 건 아니야. 틀려도 상관없단다. 다만, 그 전에 노력은 해야해. 평가는 배운 걸 짚고 넘어간다는 데 의미가 있으니까. 내가 얼마나 알고 있는지 내가 모르는 것은 무엇인지 정확하게 알고 넘어가는 게 바로 평가란다. 받아쓰기나 평가에서 틀린 것이 있다면 왜 틀렸는지 그 이유를 알고 바른 풀이와 답을 확인하는 게 중요해. 틀렸다고 속상해 할 게 아니라 내가 모르는 것, 헷갈리거나 실수하는 것에 대해 알았으니까 다음부터는 안 그러면 되는 거야.

칫, 그래도 100점 받아 오니까 좋아했으면서!

학교마다 조금씩 다르지만, 1학년 때는 받아쓰기도 하고 수학 중간 평가도 해.

- 받아쓰기는 급수표를 나눠 주고 시험 보는 날짜를 미리 알려 주지. 미리 공부해 오라는 거야. 받아쓰기는 우리말과 글을 올바르게 쓰는 법을 배우는 과정이야. 급수표를 보면 다 알고 있는 것 같은 느낌이 들지만, 막상 안 보고 써 보면 꽤 어려워.
(급수표 : 국어책에 나오는 순서대로 낱말과 문장을 뽑아서 정리한 표야. 1학년이 꼭 알고 넘어가야 할 낱말과 문장들이지. 맞춤법뿐 아니라 띄어쓰기, 문장 부호도 정확히 익혀야 해.)
- 급수표를 보고 충분히 읽고 써 본 다음에, 엄마한테 부탁해서 보지 않고 실제로 시험 보는 것처럼 연습하면 더 좋아.
- 모르는 낱말이 있다면 평소 국어사전을 찾아보는 습관을 들이는 것도 좋아. 어린이용 국어사전이 따로 있거든. 처음에는 찾는 방법이 어려울 수 있어. 연습하면 익숙해질 거야. 신기하게도 국어사전을 찾는 과정을 거치면 기억에 더 잘 남더라고.
- 수학 평가는 수학 익힘책을 푸는 것만으로 충분해. 학교에서 배우지 않은 내용은 평가에 절대 안 나오니까. 선생님과 배웠던 내용은 그날그날 수학 익힘책을 풀면서 다시 복습하는 거야.

쉿! 우리끼리 귓속말 받아쓰기 100점 비법 알려 줄까?

꼭 100점 받아야 하는 건 아니지만, 그래도 100점 받으면 기분은 좋겠지? 내가 공부 좀 하잖아. 나만의 비법 살짝 알려 줄게. 시험 전날 공부하는 건 기본! 더 중요한 건 시험 보는 날 아침이야. 등교하기 전에 어제 연습했던 공책을 한 번 훑어보는 거야. 딱 2분만 투자하면 돼. 그러면 전날 헷갈렸던 것들도 절대 잊지 않을 수 있어.

꼬마 덕후, 용돈 탕진하다!

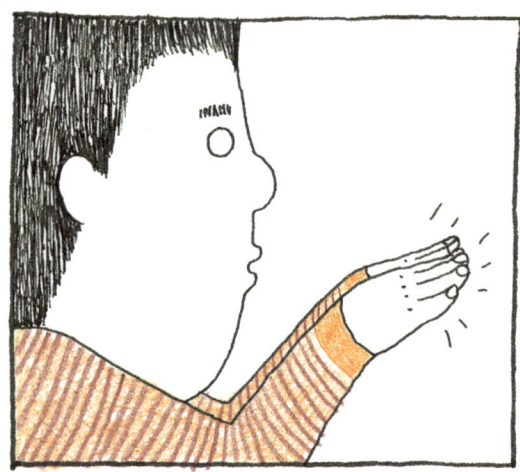

하지만 엄마를 통해 배워.
다 가질 수 없구나.
다 이길 수 없구나.

씩씩한 초딩을 위한 학교생활 안내서 ⑦

장난감은 학교에 가져가지 않아

안 돼! 장난감이나 애완동물, 귀중품, 뾰족하거나 날카로워서 위험한 물건 등은 집에 두고 와야 해. 자꾸 꺼내 보고 싶으니까 수업에 방해가 되잖아. 다른 친구들도 궁금해 하니까 말이야. 자랑하고 싶거나 같이 갖고 놀고 싶은 장난감이 있다면 꼭 참았다가 방과 후에 친구와 노는 게 좋겠지? 이제 초딩이니까~.

쉿! 우리끼리 귓속말 용돈을 지켜라!

용돈을 받는 친구들도 있지? 나처럼 유행하는 물건 모두 사들이다가는 용돈 끊기는 수가 있다! 용돈을 다 쓰지 말고 모아서 좋은 일에 써 봐. 나는 크리스마스에 엄마 아빠한테 치킨을 쐈어! 멋지지? 아직 용돈을 받지 않는 친구들은 '신발 정리', '양말 널기', '화분에 물 주기' 등을 하면서 용돈을 벌어 봐!

지혜로운 초딩으로 학교에서 살아남기 ⑥

게임은 게임일 뿐 목숨 걸지 말자

학교에 딱지나 구슬 같은 걸 가져가면 안 된다고 했지? 뽑기에서 뽑은 신기한 물건도 마찬가지야. 멋진 게 나오면 금손인 걸 자랑하고 싶어서 안달이 나겠지만, 그러다 선생님한테 혼날 수도 있어. 규칙이니까. 아무튼 딱지치기나 구슬치기 말고도, 학교에서는 친구들과 여러 가지 게임을 하면서 놀 수 있어. 공기놀이나 보드게임, 술래잡기 등이 있지.

- 어떤 놀이를 하든 졌다고 우는 애들이 꼭 있어. 이겼다고 진 친구를 놀리는 친구도 꼭 있지. 둘 다 별로야. 어떤 놀이든 정해진 규칙을 잘 지키면서 놀고, 결과를 인정하자. 재밌으려고 한 거니까.
- 게임에 이긴 사람이 어떤 물건을 진짜로 차지하는 내기를 하면, 진 사람이 억울해서 화가 나는 경우도 많아. 약속은 약속이니까 물건을 돌려줄 순 없다고? 그런데 약속 자체가 잘못됐다는 생각은 안 드니? 물건을 서로 빼앗는 건 나쁜 거야. 유치하게 우기지 말자.
- 술래잡기는 위험한 장애물이 없는 운동장에서 하기. 교실이나 복도, 계단에서는 뛰어다니면 안 돼. 다칠 위험이 크니까. 옷이나 몸을 심하게 잡아당긴다거나 넘어뜨리는 장난도 안 돼.

모둠, 우리는 한배를 탔다

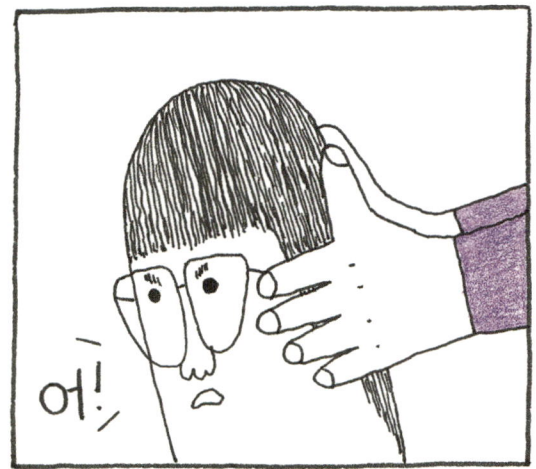

씩씩한 초딩을 위한 학교생활 안내서 ⑧

따로, 또 같이 즐거운 학교생활

모둠활동이 뭐냐고? 수업 시간에 4~6명 정도의 친구들이 책상을 붙이고 모여 앉아서 수업 내용에 맞는 활동을 함께하는 거야. 한 반을 5~6개 정도의 모둠으로 묶을 수 있지. 차차 알게 되겠지만 학교는 교과서 지식만 배우는 곳이 아니야. 다른 친구들과 어울려 함께 지내는 지혜도 배울 수 있지. 모둠활동을 열심히 하다 보면 그 두 마리 토끼를 다 잡을 수 있어!

- 선생님이 내 준 과제를 수행하려면 어떻게 하면 좋을지 의견을 우선 모아야겠지? 각자 자기 생각과 의견을 말해 보는 거야.
- 내 생각만 좋다고 고집 부려서는 안 되겠지? 의견을 하나로 모아야 무엇이든 시작할 수 있잖아.
- 자, 하나로 모은 의견대로 과제를 시작했어. 이제 각자 맡은 역할을 하면 돼. 뭐? 시시한 걸 맡아서 하기 싫다고? 언제나 내가 하고 싶은 것만 할 수는 없어. 다음번에는 내가 중요한 역할을 하고 싶다고 친구들한테 말해 봐. 삐치거나 심술부리지 말고 서로 양보해 보자.
- 학습 도구랑 자료를 혼자 차지해 버렸다고? 모두 함께 써야 하는 물건을 자기 혼자 쓰는 건 옳지 않아. 좋은 건 서로 돌려 가면서 쓰고 여러 개가 있다면 공평하게 나눠 쓰도록 해.
- 아직 활동을 못 마친 친구한테는 도와주겠다고 해 봐. 너랑 같은 모둠인 걸 자랑스러워 할걸. 서로 돕다 보면 더 좋은 친구가 될 거야.

지혜로운 초딩으로 학교에서 살아남기 ⑦

덜덜덜, 발표하려니 떨린다고?

선생님과 친구들이 빤히 네 얼굴만 보고 있으니까 떨린다고? 어떻게 말을 해야 할지 모르겠다고? 맞아. 내가 모르는 거라면 더 떨릴 거야. 모르는 것 말고 내가 정말 잘 아는 거라면 말하는 게 더 쉽지 않겠어? 수업 시간에 즉흥적으로 하는 발표도 있지만, 날짜를 정해 놓고 반 친구들 모두 발표하는 시간을 갖기도 하잖아. 미리미리 잘 준비해서 발표해 봐!

- 발표 주제가 정해지면 여러 가지 방법으로 자료를 준비해. 엄마와 함께 도서관에 가서 책을 찾거나 인터넷을 통해서 미리 검색해 볼 수 있잖아.
- 어떤 내용을 어떻게 말할지 미리 적어 보자. 그리고 가족들 앞에서 실제처럼 발표 연습을 해 봐.
- 두근두근. 발표하는 날 '제가 먼저 할게요!' 하고 멋지게 손을 들어 봐. 막상 일어나니까 떨린다고? 자, 일단 크게 숨을 쉬어 봐. 그리고 목소리를 크게 내는 거야. 중간에 좀 틀리면 어때! 천천히 어제 준비한 내용을 또박또박 말하는 거야.

쉿! 우리끼리 귓속말 친구 따라 욕쟁이 될래?

나는 학교 가서 이런저런 욕을 처음 들었어. 그래, 솔직히 말하면 알고 있는 욕도 있긴 했어. 아무튼 처음엔 욕인지도 모르고 따라 했다가 엄마한테 엄청 혼난 적도 있어. 그냥 감탄사 같은 건지 알았지 뭐! 그런데 욕은 정말 나쁘다는 걸 깨달았어. 욕이라는 걸 알고 나니까 기분이 정말 나쁘더라고. 친구가 나한테 놀자는 건지 알고 실실 웃었는데, 욕을 한 거였다니! 그렇다고 같이 욕하지는 말자. 괜히 세 보이려거나 무시당할까 봐 욕할 필요는 없어. 친구가 한다고 무심코 따라 하지도 말자. 그러다 정말 버릇될 수도 있어.

총싸움 vs 고릴라

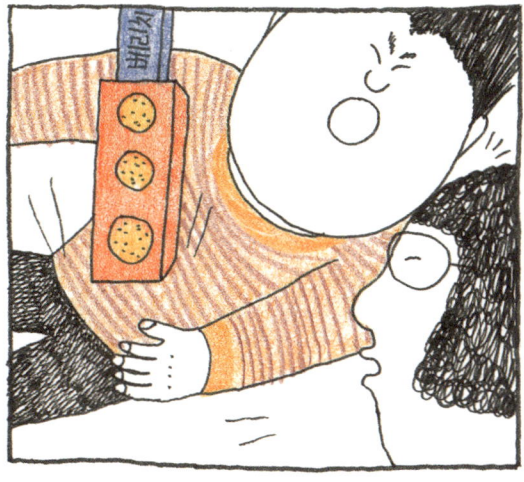
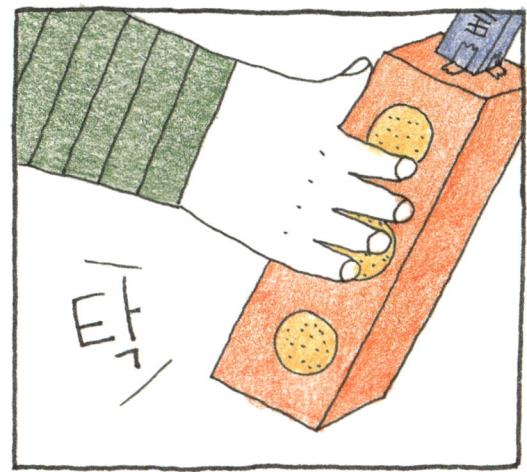

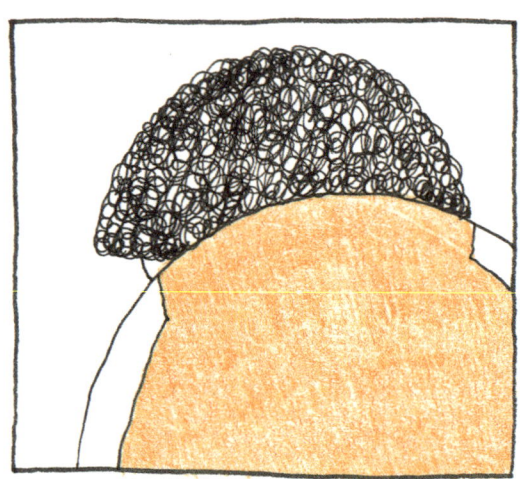

지혜로운 초딩으로 학교에서 살아남기 ⑧
솔로몬의 판결, 과연 누가 더 나쁠까?

쉬는 시간에 총싸움 놀이를 시작해서 교실을 엉망진창으로 만든 은호나 친구 물건을 망가뜨리고 때리고 놀린 세혁이, 둘 다 옳지 않아. 그렇다고 은호와 세혁이가 '나쁜 어린이'라는 게 아니라 두 사람 모두 나쁜 행동을 했다는 말이야. 어린이들은 열심히 자라나고 있잖아. 무엇이든 배우는 과정이니까 실수할 수 있어. 무엇이 잘못된 행동인지 알고 앞으로 고치려고 노력하는 게 중요한 거야. 자, 그럼 판결 내용을 발표하겠습니다!

친구들에게 사과하세요.

피고 은호와 그의 친구들은 반 친구들 모두에게 불편을 끼쳤습니다. 교실은 모두 함께 사용하는 공간인 만큼 정해진 규칙을 따라야 하는데, 이를 어긴 것이 잘못된 행동이라 할 수 있습니다. 교실을 소란스럽게 하고 어지럽혔지요. 어떤 친구는 학용품이 망가져서 속이 상했고, 어떤 친구는 책상에 엉덩이가 부딪혀서 아팠습니다. 게다가 총싸움 놀이에 참여하지 않는 친구들에게도 멋대로 총을 쏘면서 기분을 상하게 했습니다. 상대방이 기분 나빠 할 행동을 하는 것도 같은 반 친구가 해서는 안 될 일입니다. 친구들에게 사과하세요.

피고 세혁이 역시 반 친구들에게 피해를 끼쳤습니다. 친구 물건을 빼앗거나 친구에게 물건을 던지거나 친구 몸을 자꾸 툭툭 건드리는 것은 옳지 않은 행동입니다. 친구 물건을 만져 보고 싶을 때는 반드시 허락을 받아야 합니다. 다른 사람의 몸은 절대로 건드려서는 안 됩니다. 우리 모두는 한 사람도 빠짐없이 모두 소중하기 때문입니다. 몸뿐 아니라 마음도 귀중합니다. 생김새를 가지고 놀리는 것은 마음에 상처를 주는 일입니다. 친구들에게 사과하세요.

쉿! 우리끼리 귓속말 사과, 친구 만드는 또 다른 방법

친구가 나 때문에 속상했다고 하면 정말 미안하지. 너무 미안하면 할 말이 없어지기도 해. 하지만 그렇다고 정말 아무 말도 하지 않으면 안 돼. 주절주절 말할 필요 없어. 진심이라면 '미안해' '속상했지' '내가 잘못했어' 한마디면 돼. 쑥스럽다고 건성건성 말하거나 작은 소리로 우물거리지 말고 사과하자. 소중한 내 친구들, 실은 모두 '사과'가 준 선물이라고~.

웰컴초 신비한 친구 사전

연예인

부끄러미

심술쟁이 1

심술쟁이 2

씩씩한 초딩을 위한 학교생활 안내서 ⑨
사람은 저마다 다 달라

사람은 저마다 다 달라. 생김새는 물론 성격도 다 다르지. 나와 다른 점이 있다고 해서 그게 나쁘거나 잘못된 건 아니야. 그러니까 절대 놀림감으로 삼아서도 안 되지. 그래도 나랑 같은 점이 많은 친구가 왠지 더 좋아진다고? 하긴, 나도 그렇긴 해. 하지만 나와 다른 점이 있다고 해서 친해질 수 없는 건 아니야. 오히려 나와 다른 점이 있는 친구와 놀다 보면, 내가 몰랐던 재미를 느끼게 되더라. 물론 서로 맞지 않아서 짜증이 날 때도 있을 거야. 싸울 때도 있고. 그러다 보면 서로 익숙해져서 이해하고 양보할 수 있게 돼. 그게 바로 진정한 친구 사이지.

- 아는 친구가 한 명도 없어서 학교 가기가 싫다고? 모르는 애들 사이에 있으면 부끄러워서 어쩔 줄 모르겠다고? 누구에게나 낯선 사람을 만나는 일은 쉽지 않아. 입학하고 당분간은 누구나 다 낯설어. 나만 아는 친구가 없는 건 아니야. 어떤 친구들은 벌써 친구가 많아 보일 수도 있어. 같은 동네 산다거나 같은 유치원을 다녀서 예전부터 알고 지낸 친구가 몇몇 있을 수 있겠지만 그래 봤자, 반 친구 모두를 아는 건 아니잖아. 친구 사귀는 데는 모두 같은 출발선 위에 있으니까 용기를 내.

- 친해지고 싶은 친구가 있다면 먼저 다가가 봐. 어쩌면 그 친구도 널 지켜보고 있었을지도 몰라. 먼저 다가오는 친구에게는 너도 마음을 여는 거야. 와 줘서 고맙잖아. 그런데 무슨 얘기를 해야 하냐고? 음, 좋아하는 놀이나 장난감이 뭔지 물어보는 건 어때? 무슨 공부 잘하냐고 물어보면 이상하잖아!

- 세상에 착하기만 하거나 나쁘기만 한 사람은 단 한 명도 없어. 정도 차이는 있겠지만 누구든 두 가지 면을 모두 가지고 있지. 나한테 한 번 잘못했다고 무조건 나쁜 친구라고 몰아붙이지 말자. 누구나 실수할 수 있어. 더구나 우리는 옳고 그름을 배워 나가는 어린이잖아. 친구한테 잘못했으면 사과하고, 친구가 사과하면 용서해 주자.

지혜로운 초딩으로 학교에서 살아남기 ⑨

심술쟁이 완벽 대처법

친구들끼리 지내다 보면 서로 놀릴 수도 있고 다툴 수도 있어. 하지만 고자질쟁이나 잘난척쟁이도 알고 보면 장난꾸러기라서 놀 때는 죽이 잘 맞기도 해. 울보나 삐치길 잘하는 친구는 같이 있기 피곤할 때도 많지만 나를 잘 챙겨 줘서 고마울 때도 있지. 운동도 잘하고 리더십도 좋은 친구는 마치 형처럼 든든하지만 가끔은 울보처럼 눈물을 찔끔 흘려서 같은 여덟 살이라는 걸 깨닫게 해 주기도 해. 이렇게 서로의 성격을 이해하고 양보하면서 지내다 보면 다들 좋은 친구가 될 수 있어. 하지만 정말 그러기 힘든 친구들도 간혹 있어.

- 그건 바로 나를 계속해서 일부러 괴롭히고 심술부리는 친구들. 하지만 누군가를 심술쟁이로 쉽게 단정 지으면 안 돼. 심술쟁이가 어떤 짓을 하는지 만화에서 잘 봤지? 신비한 친구 사전 속 심술쟁이들처럼 재미 삼아 누군가를 못살게 군다면 심술쟁이일 가능성이 높아.

- 만약 정말 심술쟁이라면 절대 약하게 보여서는 안 돼. 심술쟁이들은 자기보다 약해 보이는 애들을 주로 괴롭히거든. 심술쟁이가 너를 괴롭힌다면 절대 기죽지 마. 마음이 괴롭겠지만 무서워서 숨거나 창피하다고 울어 버리면 신나서 더 괴롭힐지도 몰라.

- 심술쟁이들은 얼굴이나 키, 옷이나 소지품 같은 걸로 잘 놀려. 정말 유치하지? 그러니까 심술쟁이들 말은 무시하는 거야. 그러면 심술쟁이들은 오히려 약이 오른다고. 똑같이 놀려 주면 된다고? 그러면 싸움은 절대 멈추지 않을걸.

- 그랬더니 심술쟁이가 한술 더 떠서 네 물건을 망가뜨리기까지 한다고? 너를 때리기도 하고? 그렇다면 이제 절대 혼자 해결할 수 없는 상황이 된 거야. 반드시 어른들한테 도움을 요청해야 해. 부모님과 선생님에게 언제, 어떻게 너를 괴롭혔는지 자세히 말해.

- 어쩌면 너 때문에 혼났다고 또다시 괴롭힐 수도 있어. 그럴 때는 너도 겁내지 말고 '네가 그럴 때마다 선생님께 알릴 거'라고 당당하게 말해야 해. 심술쟁이도 그래 봤자 너와 같은 어린이야. 어른들과 이야기를 나누다 보면 결국 자기 잘못을 깨닫게 될 거야.

은호 실종 사건

씩씩한 초딩을 위한 학교생활 안내서 ❿

친구 집에 놀러 가려면?

학기 초가 지나면 슬슬 친한 친구들이 생기기 시작할 거야. 그러면 친구네 집에 가서 놀 일도 많아지지. 알지? 허락 없이 가면 안 된다는 거. 그리고 특별한 약속이 없는 한 하교 후에는 곧장 집으로 가야 한다는 거. 기억해. 나처럼 혼나지 말고. 엄마한테 혼나서 속상했냐고? 아니. 엄마가 하도 울어서 너무 미안했어. 엄마가 그렇게 걱정할 줄은 정말 몰랐어.

- 친구네 집에 놀러갈 때는 반드시 부모님 허락을 받아야 해. 집에 가서 허락을 받고 친구네 집으로 가거나 부모님과 통화를 한 후에 가도록 해. 휴대폰이 없다고? 학교 전화기 쓰는 법 기억하지? 공중전화를 이용해도 돼. 동전 없이 전화하는 법이 쓰여 있어.
- 놀러 갈 친구네 집에도 허락을 구해야 해. 우리 엄마한테 허락받았다고 남의 집에 불쑥 찾아가면 실례니까.
- 친구네 집에서 놀기로 해 놓고 다른 곳에 가면 안 돼. 장소를 이동하고 싶을 때는 어디로 가는지 알려야 해.
- 몇 시까지 돌아올지 정하고 약속 시간을 반드시 지켜야 해.
- 친구 집이 어디인지 알리고 친구 부모님 연락처도 알리면 더 좋겠지?

지혜로운 초딩으로 학교에서 살아남기 ⑩

초등생활 안전 제일!

혼자서 등하교 하는 게 곧 익숙해질 거야. 하지만 이때 긴장의 끈을 놓아서는 안 돼! 바짝 긴장했던 첫 등굣길처럼 첫째도 안전, 둘째도 안전!

- 차 조심. 횡단보도를 건널 때는 '멈춘다', '살핀다', '손을 든다', '확인한다', '건넌다' 이 순서 반드시 지키자. 파란불 깜박일 때는 절대 건너면 안 되는 거 알지?
- 참. 부모님 연락처 외우고 있어? 나처럼 헷갈려서 엉뚱한 번호 외우고 있으면 안 돼. 우리 집 주소, 부모님 연락처, 가까운 친척 연락처 정도는 술술 외우고 있어야 해.
- 낯선 사람이 다가오면 일단 경계! 어른들은 어린이한테 도움을 요청하지 않아. 도와 달라면서 따라오라고 해도 절대 속지 말자. 억지로 손을 잡아끌면 큰소리로 도움을 요청해! 뭐? 달콤한 사탕이나 음료수 같은 건 받아도 되지 않느냐고? 안 그러는 게 좋을 거야. 만에 하나 정신을 잃게 하는 약이 들어 있거나 몸에 치명적인 독이 들어 있으면 어쩌려고?
- 아는 어른들도 조심해야 해. 너의 몸은 너만 보고 만질 수 있어. 부모님이나 형 누나 등 가족들도 함부로 만져서는 안 돼. 의사 선생님도 네가 아플 때만 너의 허락을 받고 만질 수 있는 거야. 누군가 계속 네 몸을 만지려고 한다면 싫다고 말해야 해. 그리고 반드시 다른 어른에게 이 사실을 알리고 도움을 요청해야 해.

어흥! 호랑이 선생님

씩씩한 초딩을 위한 학교생활 안내서 ⑪

선생님이 무서워?

초등학교 선생님은 유치원 선생님하고는 달라. 아! 유치원 선생님은 엄마랑 집에 있는 것처럼 편히 지낼 수 있게 보살펴 줬는데. 그렇다고 초등학교 선생님이 우리를 보살펴 주지 않는다는 뜻은 아니야. 간혹 무섭게 화를 내는 것처럼 느껴질 수도 있지만, 그건 초등학생이 지켜야 할 규칙을 잘 지키도록 엄하게 지도하기 때문이야. 이제 초등학생이 된 우리를 그에 걸맞게 대하는 거라 할 수 있지. 선생님이 엄마처럼 똥강아지로 불러 주길 원하는 건 아니겠지? 그런데 선생님이 너무 큰소리로 말해서 정말 화를 내는 것 같아 무섭다고? 우리 반은 친구들이 와글와글 떠들기 시작하면 교실이 떠나갈 듯 너무 시끄러워. 웬만한 소리는 들리지도 않는다고.(너희도 마찬가지일걸. 내 말 맞지?) 그러니 선생님이 그렇게 큰소리로 말할 수밖에 없는 게 아닐까? 흐흐.

유치원 때 토끼반 선생님

여친? 남친? 있어? 없어?

지혜로운 초딩으로 학교에서 살아남기 ⑪

두근두근 좋아하는 친구가 있다고?

생일에 내 짝꿍이 축하한다며 편지를 줬어. 가슴이 콩닥콩닥 뛰는 거 있지. 집에 와서 몰래 열어 봤는데, '축하해! 사이좋게 지내자!'라고 쓰여 있었어. 그 순간, 뒷덜미가 서늘해서 뒤돌아봤더니, 엄마가 능글맞게 웃고 있는 거야! 왠지 놀림당하는 느낌이 들어서 '남친 여친 있는 애들도 많거든!' 하고 꽥 소리를 쳤어. 그랬더니 데이트는 도대체 어떻게 하는 거냐면서 꼬치꼬치 캐묻는 거 있지.

엄마는 내가 어린애인 줄 알아.
나도 데이트나 여친 남친이 뭔지는
다 아는데 말이야.

엄마가 언제 어린애 취급했다고 그래?
복도를 같이 걷는다니! 어설프게 어른 흉내 내는 것보단
훨씬 귀엽다! 누군가를 좋아하는 마음은 자연스러운 감정이야.
좋으면서 괜히 괴롭히지 말고 즐거운 놀이를 해 봐.
비싼 선물보단 예쁜 그림을 그려 주거나 연필이나
지우개 같은 작은 학용품을 나눠 쓰는 건 어때?
그나저나 우리 아들은 언제 데이트를 할까?

> 잠깐! 이 책을 덮기 전에

어때?
초등 1학년 재밌겠지?

입학하고 한 달 정도는 아마도 정신없이 지나갈 거야. 그래도 지나고 보니 그때가 가장 아름다웠다! 적응하느라고 때로는 두렵고, 답답하고, 속이 상할 때도 있겠지만, 열심히 지내면 정말 소중한 추억이 될 거야. 흑.

소풍도 다녀오고 각종 학교 행사에 참여하면서 열심히 학교에 다니다 보면 어느덧 여름방학이 찾아올 거야. 그때 학교생활 통지표도 받지. 선생님이 한 학기 동안 네가 어떻게 지냈는지 관찰해서 기록해 놓은 거야. 평소에 네가 학교에서 어떻게 생활하고 공부하는지 다 지켜보거든. 부족한 점에 대해 적혀 있다고 너무 속상해 하지는 마. 나한테 필요한 게 무엇인지 알게 된 거잖아. 2학기에 노력하면 돼! 방학 동안에는 가족과 여행도 하고, 친구들과 약속을 잡아서 놀기도 하고, 책도 많이 읽기를 바라! 개학하면 1학기 때보다 더 능숙하게 학교생활을 할 수 있을 거야! 내가 가르쳐 준 것들만 실천한다면 나만큼 멋진 2학년이 되는 거지! 내용을 까먹었다면, 그리고 고민이 있거나 걱정이 생길 때마다 이 책을 다시 찾아보는 것 잊지 마!

얘들아, 초등학교에 온 걸 정말 환영한다!